Bibliografische Information der Deutschen Nationalbibliothek:

Die Deutsche Bibliothek verzeichnet diese Publikation in der Deutschen National-
bibliografie; detaillierte bibliografische Daten sind im Internet über http://dnb.d-
nb.de/ abrufbar.

Impressum:

Copyright © 2017 GRIN Verlag
Druck und Bindung: Books on Demand GmbH, Norderstedt Germany
ISBN: 9783668686991

Dieses Buch bei GRIN:

https://www.grin.com/document/418452

Matti Ulrich

Virtuelle Teams. Bedeutung, Effekte und Planung eines Workshop-Konzeptes

GRIN Verlag

Einsendeaufgabe

Alternative A

Virtuelle Teams - Bedeutung, Effekte und Planung eines Workshop-Konzeptes

Abgegeben am 12. Dezember 2017

SRH FernHochschule Riedlingen

Modul: Kommunikation und Führung

Studiengang: Medien- und Kommunikationsmanagement

Inhaltsverzeichnis

A1)

Stellen Sie dar, wieso virtuelle Teams in Unternehmen immer mehr an Bedeutung gewinnen. Zeigen Sie auf, wie Teamleiter in virtuellen Teams den Aufbau von persönlichen Beziehungen zwischen den Teammitgliedern unterstützen können. Diskutieren Sie die Unterschiede bzw. Gemeinsamkeiten zwischen der Führung eines "normalen" und eines "virtuellen Teams".

a) Bedeutung virtueller Teams

Das digitale Zeitalter hat längst Einfluss auf alle Lebensbereiche genommen. Eins der am stärksten betroffenen Felder ist dabei die Kommunikation im privaten und geschäftlichen Bereich. Der Unterschied zwischen der Zusammenarbeit mit einem Kollegen im selben Gebäude und am anderen Ende der Welt schrumpft dabei immer mehr (vgl. App 2013, S. 6). Die fortschreitende Globalisierung lässt kaum etwas anderes zu, als Unternehmen ihr Potential voll ausschöpfen zu lassen und über große Distanzen zusammenzuarbeiten (vgl. Hermann et al. 2006, S. 25). Gleichzeitig verändern sich die Ansprüche der Märkte und das Management ist aufgefordert, „die größte Herausforderung für Organisationen im 21. Jahrhundert und die einzige Möglichkeit, in einem globalen Umfeld erfolgreich zu sein (Kühne, S. 1)" in Angriff zu nehmen: Die Schaffung von internationalen, multikulturellen Projektteams, die über neue Medien miteinander kommunizieren. Kurz: Virtuelle Teams.

Ein durch die Globalisierung angetriebener hoher Konkurrenzdruck, vor allem im produzierenden Gewerbe, sorgt dafür, dass Unternehmen sich intern neu organisieren und auf Ressourcen aus dem Ausland zurückgreifen müssen. Produktionswege führen durch verschiedene Standorte – weltweit (vgl. Köppel 2007, S. 25). Die Frage, wie solche hochkomplexe Verfahren aufeinander abgestimmt werden können, ohne, dass die Kooperationspartner am selben Ort sind, wird durch die Nutzung von neuen Medien in virtuellen Teams beantwortet. Bereits 2013 gaben in Deutschland 74% der Befragten an, dass in ihrem Unternehmen virtuelle Teams eingesetzt werden (vgl. Akin und Rumpf 2013, S. 378).

Neben den Produktionswegen wirkt sich die Globalisierung zudem stark auf den Absatzmarkt aus. Es ist nicht nur leichter für Unternehmen geworden, ihre Produkte über die Landesgrenzen hinaus zu veräußern, sondern auch notwendig. „Die Internationalität der Strukturen überträgt sich auf die Arbeitsinhalte für Manager und Mitarbeiter (Köppel 2007, S. 2)", weshalb langfristig auf virtuelle Teams gar nicht mehr verzichtet werden kann. Neue Märkte erfordern neue Kenntnisse über Kultur, Kaufverhalten und Marktumstände. Hier ist die Zusammenarbeit mit Experten vor Ort unabdingbar (vgl. App 2013, S.11). Es werden also nicht nur räumliche Distanzen überwunden, sondern auch kulturelle. Nicht selten sind virtuelle Teams deshalb multikulturell aufgestellt.

Doch nicht nur im internationalen Rahmen werden virtuelle Teams eingesetzt. Auch zur internen Verbesserung der Kommunikation tragen sie bei. Durch die Nutzung der neuen Medien sind Hierarchien flacher und abteilungsübergreifende Projektarbeiten einfacher geworden. So kann durch das Versenden von Mails in vielen Unternehmen jeder Mitarbeiter zu jeder Zeit direkt erreicht werden. Zudem kommt es bei der Vielzahl an Projekten auch vor, dass sich Strukturen in der Führung verschieben. Vorgesetzte in der Abteilung oder einem Projekt, können in einem anderen Zusammenhang jemanden unterstellt sein (vgl. App 2013, S. 10 f.). Die Bedeutung von virtuellen Teams in Unternehmen nimmt vor allem deshalb stetig zu, da ihre Anwendungsgebiete äußerst vielfältig sind. Das Wissen eines Unternehmens ist nicht mehr in den Abteilungen gebunden, sondern von allen erreichbar, internationale Projekte sind deutlich unkomplizierter geworden und sogar neue Arbeitsmodelle sind umsetzbar. Denkbare Anwendungsgebiete für virtuelle Teams sind:

- Eine Abteilung eines Unternehmens erstreckt sich über verschiedene Standorte
- Mitarbeiter arbeiten von zu Hause
- Unternehmensinterne Projektarbeit
- Projektarbeit mit externen Teilnehmern
- Externe Dienstleistungen
- Das „Zunutze machen" von virtuellen Communities

- Fort- und Weiterbildungen vom Arbeitsplatz aus (vgl. App 2013, S. 21 ff.)

b) Aufbau persönlicher Beziehungen

Nicht nur für die einzelnen Teammitglieder stellen virtuelle Teams eine Herausforderung dar. Auch die Führung eines solchen Teams bringt Aufgaben mit sich, die aus der Führung von nicht-virtuellen Teams nicht hervorgehen (vgl. Hermann et al. 2006, S. 36). Eine dieser Aufgaben ist die Schaffung von persönlichen Beziehung zwischen den Teammitgliedern.

Zwar kommunizieren die Mitglieder eines virtuellen Teams vor allem mit Hilfe von neuen Medien, da sie räumlich voneinander getrennt sind. Aber zumindest zum Beginn des Projektes sollte der Teamleader versuchen die Teilnehmer persönlich zusammenzubringen. Dies geschieht in der Regel durch ein sogenanntes Kick-Off-Meeting. Nur, wenn die Entfernungen zu weit sind oder Teilnehmer nicht ausreichend Budget zur Verfügung gestellt bekommen, kann darauf verzichtet werden (vgl. App 2013, S. 145). Da sich die Teammitglieder hier vielleicht zum einzigen Mal persönlich kennenlernen, sollte die Zeit intensiv genutzt werden. Dem Team wird das bevorstehende Projekt erläutert, die Projektziele erklärt und in einen Kontext gesetzt (vgl. Hermann et al. 2006, S. 95). Auch teambildende Maßnahmen können dazu führen, dass die Teilnehmer eine nachhaltige, persönliche Beziehung zueinander aufbauen. (vgl. Niermeyer 2016, S. 180). Zumindest aber sollten sich die Teilnehmer persönlich vor der Gruppe in wenigen Sätzen vorstellen, mit Namen, beruflichem und gegebenenfalls familiärem Hintergrund, oder Hobbies (vgl. Peschges 2015, S. 28).

Im späteren Verlauf der Zusammenarbeit sollte der Teamleiter darauf achten, dass die Teammitglieder regelmäßig miteinander kommunizieren. Zwar ist es wichtig, dass die Leitung eines Projektes über alle Fortschritte informiert wird. Dies bedeutete aber nicht, dass ausschließlich über sie kommuniziert wird (vgl. Tscheuschner und Wagner 2012, S. 52 f.). Denn erst die Kommunikation macht die Personen, die zu einer gemeinsamen Arbeit zugeteilt worden sind, zu einem sozialen System und damit letztlich zu einem Team (vgl. Grimm und Krainz 2011, S. 10). Bei größeren Teams kann es deshalb sinnvoll sein, wenn durch die Leitung eine Einteilung in Kleingruppen vorgenommen wird. Wichtig dabei ist, darauf zu achten, dass keine dieser Kleingruppe wichtiger ist als eine andere, um Konflikte zu vermeiden (Niermeyer 2016, S. 180).

Die Beziehungen der einzelnen Mitglieder zu stärken, bedeutet für den Teamleiter gleichzeitig, dass er Konflikte konstruktiv behandelt. Vermeiden lassen sie sich in den meisten Fällen nicht, denn „Konflikte gehören zu jeder Teamarbeit dazu" (Hermann et al. 2006, S. 161). Ein Konflikt liegt dann vor, wenn mindestens zwei Interessen oder Handlungsimpulse aufeinanderprallen und die Konfliktparteien sich auf eine Lösung einigen müssen (vgl. ebd.). Durch die Distanz in virtuellen Teams und das daraus resultierende fehlende Grundvertrauen in einzelne Teammitglieder, können Konflikte begünstigt werden (vgl. Niermeyer 2016, S. 181). Die Ursachen von Konflikten können dabei ganz unterschiedlicher Natur sein:

- „Sachkonflikte (z. B. aufgrund von unterschiedlichem Vorwissen)
- Wertkonflikte (z. B. über die Wichtigkeit und Wertigkeit einer Sache
- Beziehungskonflikte (zwischen zwei oder mehr Personen, meistens hinsichtlich einer hierarchischen Einordnung oder auch die Intensität einer Beziehung)
- Rollenkonflikte (z. B. als Widerstreit eines studentischen Tutors zwischen seinen Verpflichtungen gegenüber dem vorgesetzten Dozenten und seinen Kommilitonen)
- Methodenkonflikt, also unterschiedliche Auffassungen über das sinnvolle Vorgehen" (Hillebrecht 2016, S. 28 f.)

Speziell in virtuellen Teams gibt es zudem noch zwei weitere Quellen für Konflikte. Zum einen stellt die unausweichliche Mediennutzung ein erhöhtes Konfliktpotential dar, da die ungewohnte Kommunikation miteinander zu Missverständnissen einlädt. Der fehlende persönliche Kontakt lenkt die Kommunikation automatisch auf eine Sachebene, wo subjektive Einschätzungen zu kurz kommen können. Zum anderen stehen der Teamleitung nur beschränkte Möglichkeiten zur Konfliktlösung zur Verfügung (vgl. Hermann et al. 2006, S. 164). Als Leitung eines virtuellen Teams ist es oftmals schwer, solche Konflikte frühzeitig zu erkennen. Nur durch eine persönliche Beziehung und damit einhergehendes Vertrauen, kann sich der Leiter darauf verlassen, von

Mitgliedern über Probleme informiert zu werden (vgl. App 2013, S. 195). Um Konflikte vorzubeugen, empfiehlt es sich auf die speziellen Bedingungen der Kommunikation von Anfang an einzugehen. Von Beginn an sollte regelmäßig reflektiert werden, wie die Zusammenarbeit auf Distanz funktioniert. Außerdem sollte zusätzliche Zeit zur Kommunikation eingeräumt werden, da komplexe Themeninhalte oft per Mail und damit verschriftlicht transportiert werden müssen (vgl. Hermann et al. 2006, S. 175).

Ist ein Konflikt identifiziert, gilt es damit konstruktiv umzugehen. Einzelne Personen aus dem Team für die Konflikte zu verantworten, oder sie gar vor anderen anzuprangern, wirkt kontraproduktiv (vgl. App 2013, S. 199). Als Teamleiter muss man die Mitglieder bei Problemen oder Konflikten im Einzelgespräch aufklären und ihnen das Konfliktpotential erläutern (vgl. Krüger 2013, S. 72). Die Kunst ist es dann, Konflikte so zu nutzen, dass sie eine Idee oder Ansicht weiterentwickeln, anstatt sie zu hemmen. Eine Vorgehensweise in fünf Schritten kann dabei helfen, indem als erstes die Art des Konfliktes (Sach- oder Beziehungsebene) und dann die Bereitschaft zur Konfliktlösung in der Gruppe geklärt wird. Danach kann eine gemeinsame Lösungsstrategie erarbeitet und eine Konfliktlösung vereinbart werden. Im letzten Schritt wird die Lösung dann in der Praxis umgesetzt (vgl. Hillebrecht 2016, S. 32 f.). So kann aus einem potentiellen Konflikt nicht nur eine effizientere Herangehensweise entwickelt, sondern auch die persönliche Beziehung der einzelnen Teammitglieder untereinander gestärkt werden.

c) Normale Teams versus Virtuelle Teams

Eine detaillierte Gegenüberstellung von virtuellen Teams, also solchen, in denen die Mitglieder räumlich voneinander getrennt sind und moderne Kommunikationsmittel zu Hilfe nehmen, und normalen Teams, also solchen, in denen die Mitglieder sich persönlich kennen und regelmäßig zusammenkommen, mit all seinen Aspekten wäre umfassender, als es der Umfang dieser Arbeit zulässt. Daher soll stichpunktartig auf die wichtigsten Unterschiede und Herausforderungen, vor allem aus der Sicht der Führung eines solchen Teams, eingegangen werden.

Normale Teams	Virtuelle Teams
Dienstort am selben Standort	Dienstsitze an verschiedenen Standorten (vgl. App 2013, S. 28)
Persönlicher Kontakt, woraus Vertrauen, soziale Umgangsregeln und frühzeitige Erkennung von Konfliktpotential resultieren	Räumliche Distanz, welche zu Missverständnissen und fehlenden Teamspirit führen kann (vgl. Müller 2017)
Kommunikation erfolgt oftmals über das persönliche Gespräch oder gemeinsame Meeting	Kommunikation läuft fast ausschließlich über moderne Medien wie E-Mail, Telefon- oder Videokonferenzen oder Instant Messenger (vgl. App 2013, S. 28)
Mitglieder stammen häufig aus demselben Organisationsbereich eines Unternehmens	Verschiedene Organisationsbereiche, wie z. B. IT und Marketing, mit verschiedenen Kulturen treffen aufeinander (vgl. Fassnacht 2010, S. 10)
Es sind Kompetenzen der „klassischen" Zusammenarbeit, wie Sozial-, Fach-, Führungs- oder Persönlichkeitskompetenz gefragt	Über die Kernkompetenzen hinaus sind weitere, wie der Umgang mit modernen Medien, Diversity und Kommunikation gefragt (vgl. App 2013, S. 29)
Gemeinsame Arbeit zu den Kernarbeitszeiten „9 to 5"	Durch Zeitverschiebungen liegen vor allem größere Konferenzen oftmals außerhalb der gewöhnlichen Arbeitszeit (vgl. Fassnacht 2010, S. 13 f.)
Mitglieder entstammen häufig demselben Kulturkreis und können so auf gemeinsame Werte und Normen zurückgreifen	Oft sind virtuelle Teams auch interkulturelle Teams, in denen verschiedenen Kulturen aufeinandertreffen. Dies kann eine Quelle für Missverständnisse sein, vor allem in Bereichen wie Sprache, Verlässlichkeit oder der Umgang mit Hierarchien (Hermann et al. 2006, S. 183)

A2)

Erläutern Sie, welche gruppenspezifische Effekte in Teams auftreten können.

Überall dort, wo Gruppen zusammenarbeiten, entstehen auch gruppen-spezifische Effekte. Diese können sich sowohl negativ, als auch positiv auf die Stimmung und Produktivität der Gruppe auswirken. Die Gruppenleitung muss die Effekte daher nicht nur kennen, sondern sie auch frühzeitig erkennen, um sie fördern oder unterbinden zu können. Im Folgenden sollen einige dieser Gruppeneffekte näher beleuchtet werden.

a) Teamentwicklung

Jedes Team, virtuelle wie auch normale, machen eine gemeinsame Entwicklung miteinander durch. Diese unterteilt Tuckmann (1965) in die vier Phasen Forming (Orientierungsphase), Storming (Konfrontationsphase), Norming (Kooperationsphase) und Performing (Wachstumsphase) (vgl. App 2013, S. 83). Als Führungskraft gilt es zu wissen, in welcher Phase sich das Team befindet. Bestimmtes Verhalten kann in einigen Phasen normal sein, in anderen zu einem Konflikt führen. In der Phase des Forming beispielsweise lernen sich die Gruppenmitglieder kennen und verhalten sich noch zurückhaltend. Sie brauchen eine Orientierung und sind noch stark vom Teamleiter abhängig (vgl. Köppel 2007, S. 58). Die zweite Phase, das Storming, stellt hingegen eine Zeit dar, die von Konflikten geprägt ist. Die Mitglieder wollen ihre Grenzen kennen, polarisieren und handeln vor allem nach zwischenmenschlichem Verhalten. Dies eine erkennbare Senkung der Teamleistung zur Folge (vgl. Kühne 2010, S. 47). Während des Norming, der dritten Phase in der Teamentwicklung, legt sich diese Erscheinung wieder. Das Klima in der Gruppe wird spürbar besser und die Spielregeln sind allen Mitgliedern bekannt. Aufgrund der fehlenden persönlichen Kontakte kann diese Phase vor allem bei virtuellen Teams länger dauern (vgl. App 2013, S. 86). In der letzten Phase, dem Performing, kann das Team nun seine Leistung voll ausschöpfen. Die Rollen sind klar verteilt und die Mitglieder konzentrieren sich auf ihre Aufgaben (vgl. Kühne 2010, S. 47). Trotzdem stellt sich bei den Teammitgliedern ein gewisser Stolz ein, Teil dieser Gruppe zu sein und das Wir-Gefühl ist besonders hoch (vgl. App 2013, S. 87). Eine spätere

Studie ergänzt die vier Phasen durch eine Fünfte, dem Adjourning. Hier löst sich die Gruppe nach Vollendung der Aufgabe auf (vgl. Köppel 2007, S. 58 f.).

b) Teamrollen

So, wie das gesamte Team sich in verschiedenen Phasen verändert, können sich auch einzelne Mitglieder im Team verändern. Oft nehmen sie Positionen im Team ein, die zu ihrem Auftreten außerhalb des Teams nicht unbedingt passen (vgl. Gerstbach 2015). Diese Rollen zu kennen und frühzeitig zu erkennen, wer die jeweilige Rolle einnimmt, fällt in den Aufgabenbereich des Teamleiters. Er kann so Konfliktpotenziale deuten und besser auf Personen eingehen (vgl. Rößler 2015). Außerdem können sich die eingenommenen Rollen auch positiv auf andere Gruppenmitglieder auswirken, was eine bis zu doppelt so hohe Kreativität im Vergleich zu durchschnittlichen Gruppen hervorbringen kann. Teammitglieder sind dann am produktivsten, wenn sie sich in einer Rolle befinden, in der sie sich wohlfühlen (vgl. Bergdolt 2014, S. 8). Dr. R. Meredith Belbin (2003) forschte bereits in den 70er Jahren am Erfolgsgeheimnis von Gruppen. Nach ihm kann man in Gruppen neun verschiedene Rollen entdecken, welche wiederum in drei Hauptorientierungen zu unterteilen sind:

Handlungsorientierte Teamrollen:

1. Macher/in (shaper)

2. Umsetzer/in (implementer)

3. Perfektionist/Sorgfältige/r (completer, finisher)

Kommunikationsorientierte Teamrollen:

1. Koordinator/in (co-ordinator)

2. Teamarbeiter/in (teamworker)

3. Wegbereiter/in (resource investigator)

Wissensorientierte Teamrollen:

1. Spezialist/in (specialist)

2. Erfinder/Neuerer/in (plant)

3. Beobachter/in (monitor evaluator) (vgl. Lorenz 2017)

Der Teamleiter kann mit Hilfe eines Fragebogens herausfinden, welches Teammitglied welche Rolle wahrscheinlich einnehmen wird. „Die Antworten machen sichtbar, welche Präferenzen, Neigungen oder Kompetenzen ein einzelnes Teammitglied mitbringt. So kann der Teamentwickler einschätzen, ob die wichtigen Teamrollen abgedeckt sind oder ob es Konfliktpotenzial unter den Mitarbeitern geben kann" (Rößler 2015).

c) Social Loafing

Bereits Anfang des 19. Jahrhunderts fand der französische Agraringenieur Maximilian Ringelmann heraus, dass die Leistung des einzelnen abnimmt, je größer die Gruppe wird. Zwar testete er diesen Fakt anhand von Männern, die mit einem Tau eine möglichst große Zugleistung erreichen mussten, doch sein Ergebnis reicht bis in die heutige Teamarbeit (vgl. Angermeier 2013). Die amerikanischen Psychologen Stephen Harkins, Bibb Lantané und Kipling Williams machten 1979 ähnliche Erkenntnisse, als sie Teams in Unternehmen untersuchten. Auch ihr Ergebnis war, dass mit zunehmender Anzahl an Gruppenmitgliedern die Motivation und Leistung des Einzelnen sinkt. Sie benannten dieses Phänomen *Social Loafing* (dt. soziales Faulenzen) (vgl. Mai 2017). Als Ursache wird vor allem die Verlockung des einzelnen gesehen, dass es nicht auffällt, wenn er weniger leistet als andere Teammitglieder. Dies wirkt sich umgekehrt genauso negativ auf seine Motivation für hohe Arbeitsleistung aus, denn es fällt auch nicht auf, wenn er besonders viel leistet (vgl. Kraus 2009). Dieser Effekt kann vermieden werden, wenn die Teamleitung von Anfang Nähe zu den einzelnen Teammitgliedern aufbaut und so deutlich macht, dass Einzelleistungen erkannt werden. Aufgrund hoher Distanzen ist dies eine besonders zu hervorhebende Aufgabe in virtuellen Teams. Da die Konstellation moderner Teams jedoch meist verschiedene Fähigkeiten vermischt, trifft der Ringelmann-Effekt nicht vollständig zu. Einzelne Fehlleistungen im eigenen Verantwortungsbereich fallen deutlich schneller auf, „dennoch ist es für Teamleiter empfehlenswert, die möglichen Ursachen für eine reduzierte Teamleistung zu kennen, um die Rahmenbedingungen entsprechend zu optimieren (Angermeier 2013)."

d) Gimpel-Effekt

Das oben beschriebene soziale Faulenzen einzelner Teammitglieder bleibt oftmals auch für den Rest der Gruppe nicht ohne Folgen. Bemerkt ein Mitglied die mangelnde Anstrengung, kann es vorkommen, dass auch die eigene Leistung reduziert wird, aus Angst ausgenutzt zu werden. Ein „Faulenzer" reicht also aus, um ein Unrechtsgefühl herzustellen und im Zweifelsfall die ganze Gruppe negativ zu beeinflussen (vgl. Stangl, 2017a).

e) Köhler-Effekt

Behalten die leistungsstarken Gruppenmitglieder ihre Leistung bei, kann dies wiederum einen positiven Effekt auf die Gruppe nehmen. Otto Köhler fand in den 1920er-Jahren heraus, dass schwächere Gruppenmitglieder sich besonders anstrengen, um die stärkeren zu erreichen (vgl. Bierhoff 2006, S. 512). Neben der höheren Gruppenleistung insgesamt, hat dieser Effekt auch zur Folge, dass der Zusammenhalt der Gruppe messbar zunimmt, da „gemeinsam versucht wird, das volle Gruppenpotenzial auszuschöpfen" (Kauffeld und Meinecke 2015). Dieser Effekt kann nur erreicht werden, wenn der Leistungsunterschied zwischen den Mitgliedern nicht zu hoch ist und für die schwächeren als unerreichbar gilt. Auch die stärkeren Mitglieder einer Gruppe fühlen sich durch die gesteigerte Leistungsbereitschaft zusätzlich motiviert und erhöhen ebenfalls ihren Input, um bestmögliche Leistung abzulegen (vgl. Bierhoff 2006, S. 512).

f) Gruppenpolarisierung

Meinungen und Ergebnisse, die in einer Gruppe erarbeitet worden sind, werden im Regelfall entschlossener verteidigt als solche, die ein Individuum trifft. Zudem fallen sie oftmals extremer aus und beinhalten in ihren Entscheidungen risikoreichere Ausprägungen (Wolf et al. 2013, S. 135 f). Eine Gefahr stellt dieses Phänomen deshalb dar, da Gruppen dadurch starrer in ihren Entscheidungen werden und eine Resistenz gegenüber Meinungen von außen entwickeln. Kritik wird kaum noch angenommen. Ein Teamleiter kann dieser Entwicklung entgegensteuern. Kauffeld und Meinecke (2015) bieten dafür folgende Maßnahmen an:

- „Aufklären über die Gefahren des Gruppendenkens• Zurückhaltung des Vorgesetzten in eigenen Stellungnahmen
- Ermutigen der Gruppenmitglieder zur Äußerung von Einwänden bei Zweifeln
- Die Übernahme der Rolle des „Advocatus Diaboli" durch ein Gruppenmitglied
- (Zeitweises) Einsetzen von zur selben Zeit am selben Problem arbeitenden Gruppen
- Sorgfältige Analyse der Möglichkeiten und Absichten eines eventuellen Konkurrenten oder Gegners
- Erneutes Überdenken der (vorläufigen) Einigung auf eine Lösung
- Einbeziehen externer Beobachter und gegebenenfalls eines externen Moderators im Prozess
- Einholen von Meinungen vertrauenswürdiger Kollegen".

All diese Effekte können in Gruppen auftreten. Als Leiter eines Teams ist es hilfreich, diese Effekte zu kennen und entsprechend auf sie zu reagieren zu können. Viele dieser gruppendynamischen Prozesse gelten jedoch vor allem für klassische Teams, also solche, die auch räumlich zusammenarbeiten. Virtuelle Teams, die zum Teil mit großen Distanzen und unterschiedlichen Zeitzonen zu tun haben, unterscheiden sich auch in der Gruppendynamik von klassischen Teams. Die Verteilung der Rollen kann in virtuellen Gruppen beispielsweise nicht so deutlich zum Tragen kommen, da gewisse Verhaltensmuster auf virtuellem Wege nur eingeschränkt zu Tage kommen können (vgl. Wiedemann 2017). Die Dynamik einer Gruppe betrifft immer die Gruppe in sich, aber auch die Beziehung zum Gruppenleiter. Dies findet unmittelbar spürbar auf einer sichtbaren Ebene statt, aber auch unausgesprochen und unterbewusst, bei allen Gruppenmitgliedern einzeln (vgl. Brocher 2014, S. 37). Neben dem Wissen benötigt ein Teamleiter also auch ein entsprechendes Feingefühl und Menschenkenntnis, um ein (virtuelles) Team erfolgreich zu führen.

A3)

*In Ihrem Unternehmen soll ein Qualitätsmanagementsystem eingeführt werden.
Sie moderieren dazu den ersten Workshop. Wie bereiten Sie sich vor? Planen
Sie ein inhaltliches Workshop-Konzept und reflektieren Sie, welche Spielregeln
Sie als Moderator der Gruppe zu beachten haben.*

a) Qualitätsmanagementsystem

Kunden legen nach wie vor großen Wert auf Qualität. 2016 verneinten bei einer
Umfrage lediglich 8,4 % der Befragten, dass es ihnen bei einem Produkt eher um
die Qualität, als um den Preis geht. Ein Wert, der in den letzten Jahren stabil
geblieben ist (siehe Anhang 1). Doch neben der Produktqualität gibt es noch
weitere Bereiche in einem Unternehmen, die von hoher Qualität zeugen müssen,
um wettbewerbsfähig zu bleiben. Die Qualität der Mitarbeiter ist eine
Grundvoraussetzung, hinzu kommt die Prozessqualität, also schnelle und
fehlerfreie Abläufe und die Systemqualität, d.h. eine funktionierende,
ganzheitliche Struktur, die eine Grundlage für Kundenzufriedenheit und
Geschäftserfolg bildet (vgl. Gembrys 2008, S. 6 f.). Da Qualität messbar ist und
gewisse Mindestansprüche erfüllt werden sollten, hilft bei der Implementierung
eines Qualitätsmanagementsystems die Orientierung an der international
genormten Zertifizierung ISO 9001. Sie kann beispielsweise durch den TÜV
vergeben werden, welcher auf seiner Website beschreibt, sie „leg[e] die
Mindestanforderungen an ein Qualitätsmanagementsystem fest, die von
Unternehmen umzusetzen sind, um die Kundenanforderungen sowie weitere
Anforderungen an die Produkt- bzw. Dienstleistungsqualität zu erfüllen" (TÜV
Süd 2017). Da das Ziel des Workshops sein wird, die Führungskräfte aus allen
Bereichen des Unternehmens auf die kommende Einführung des
Qualitätsmanagementsystems vorzubereiten, soll sich bei der Konzeptionierung
an den Vorgaben der ISO 9001 orientiert werden.

b) Konzept Workshop

Nach der Einführung des Qualitätsmanagementsystems werden einige Abteilungen im Unternehmen mehr mit der Durchführung zu tun haben als andere. Trotzdem sollen alle Bereiche am Workshop gleichermaßen beteiligt werden, damit ein gebietsübergreifender Konsens entsteht und auch die Prozessabläufe vor und nach dem eigenen Handlungsfeld erkannt und in die eigene Planung mit eingenommen werden. Dabei soll der erste Workshop eine grundlegende Übersicht über Qualitätsmanagementsysteme geben und die Bereiche Systemqualität, Prozessqualität und Produktqualität abdecken. Im Anschluss soll kurz erläutert werden, wie daraus Kundenzufriedenheit und Geschäftserfolg entstehen (vgl. Gembrys 2008, S.5 ff.).

Produktqualität

Kunden bewerten Produkte nach einem Preis-Leistungsverhältnis. Die Beschaffenheit eines Produktes stellt dabei die Leistung dar, die dem Preis gegenübersteht. Eine höhere Beschaffenheit rechtfertigt einen höheren Preis. Der Preis ist auch im Nachhinein zu ändern und anzupassen – die Beschaffenheit nicht (vgl. Gembrys 2008, S. 9 f.). Zu beachten ist dabei aber, dass die Bedürfnisse der Kunden nicht immer gleich sind und von deren Wahrnehmung abhängen. Bestimmte Teile eines Produktes müssen also eine hohe Beschaffenheit aufweisen, um die Zufriedenheit mit dem Produkt zu gewährleisten, andere weniger. Um herauszufinden, welche das sind, muss man das Produkt durch die Brille eines Kunden betrachten (vgl. Letter 2012, S. 16).

Prozessqualität

Bei der Beschreibung der Prozessqualität soll vor allem verdeutlicht werden, dass es weniger um theoretische Ansätze auf dem Papier geht, als vielmehr um „Menschen und Teams, die Maschinen und IT-Systeme bedienen, um Produkte zu entwickeln und herzustellen (Gembrys 2008, S. 13). Im ersten Schritt ist es notwendig, sich auf die Kernprozesse zu konzentrieren. Da diese von Unternehmen zu Unternehmen unterschiedlich sind, gilt es, sie herauszufinden. Zu beachten ist, dass die Bereiche Management, Mitarbeiterführung und

Kundenorientierung in dem meisten Fällen eine zentrale Rolle spielen. Oft vergessen werden indes das unternehmerische Umfeld, also externe Partner, Netzwerke und politische Gruppen (vgl. Letter 2010, S. 17 f.).

Systemqualität

Laut Gembrys (2008) legt Systemqualität den Grundstein für ein funktionierendes Qualitätsmanagement. Um nicht zu sehr in die Tiefe zu gehen, sollen im ersten Workshop lediglich die folgenden, grundlegenden Bausteine des Qualitätsmanagements angesprochen und erläutert werden:

- „Absichten und Ziele der Unternehmensleitung in Hinblick auf Qualität
- Prozesslandschaft und qualitätsrelevante Prozesse des Unternehmens
- Qualitätsrelevante Tätigkeiten und Verantwortlichkeiten
- Qualitätsrelevante Stellen in der Organisationskultur
- Qualitätsrelevante Methoden und Techniken
- Informationssysteme zur Verarbeitung qualitätsrelevanter Daten
- Personal, Mess-, Prüf-, und Arbeitsmittel, die für Aufgaben des Qualitätsmanagement erforderlich sind (Gembrys 2008, S. 18)."

c) Verhalten als Moderator

Verschiedene Arten der Moderation erfordern verschiedenen Verhaltensweisen des Moderators. Seifert (1999, S.3 ff.) unterscheidet zwischen der Unterhaltungsmoderation, der journalistischen Moderation und der Besprechungsmoderation. An die im vorliegenden Beispiel zutreffende Moderationsrolle einer Gruppenarbeit werden von der Gruppe Erwartungen gestellt. So muss der Moderator Neutralität wahren und Ungerechtigkeiten (Redezeiten, Umgangston, ...) frühestmöglich erkennen. In der Vorbereitung muss sich der Moderator hierfür einen Fahrplan schaffen und Meilensteine setzen. Seine Aufgabe ist es im späteren Verlauf nicht, ein Ergebnis festzulegen, sondern die Gruppe selbst zu einem Ergebnis zu führen und Konflikte zu unterbinden (vgl. Hillebrecht 2016, S. 21). Die weiteren Aufgaben eines Moderators beschreibt Stangl (2017b) wie folgt:

- „Klärung des Auftrages und der Ziele der Moderation
- Erstellung der Dramaturgie
- Organisatorische Vorbereitung der Sitzung
- Einführung in die Thematik
- Setzen der Moderationsinhalte
- Steuerung des Diskussionsprozesses
- Pointierung der Inhalte und inhaltliche Klärung verschwommener Beiträge
- Verantwortung für die Visualisierung und Dokumentation der Ergebnisse"

Diese Aufgaben zeigen dem Moderator gleichzeitig die Grenzen auf. Als Verantwortlicher zur Einführung des Qualitätsmanagementsystems gehört eine ausführliche Einleitung und Erklärung der Materie. Als Moderator jedoch lasse ich die Ideen und das Wissen der Gruppe einfließen und versuche, ohne die Gruppe dabei in eine Richtung zu drängen, einen Lösungsansatz herauszustellen. Dabei kann, vor allem in Konfliktsituationen, immer auf die Führungserfahrung aus Teamarbeiten zurückgegriffen und ergänzend eingesetzt werden.

Literaturverzeichnis

Akin, N.; Rumpf, J.: Führung virtueller Teams (Report). Gruppendynamik und Organisationsberatung (Magazin). Frankfurt, 2013

Angermeier, G.: Ringelmann-Effekt. Taufkirchen, 2013. In: https://www.projektmagazin.de/glossarterm/ringelmann-effekt [27.11.2017]

App, S.: Virtuelle Teams. Haufe Verlag. Freiburg, 2013.

Belbin, R. M.: Management Teams. Why they succeed or fail. Oxford, 2003.

Bergdolt, R.: Führung im Unternehmen. Praxisbuch für aktives Mitarbeitermanagement. Verlag C.H. Beck. München, 2014.

Bierhoff, H.-W.: Sozialpsychologie: Ein Lehrbuch. W. Kohlhammer Verlag. Stuttgart, 2006.

Brocher, T.: Gruppenberatung und Gruppendynamik. Springer Verlag. Wiesbaden, 2014.

Fassnacht, K.: Grundlagen der virtuellen Teamarbeit. FCT Akademie GmbH. Bornheim, 2010.

Grimm, R.; Krainz, E.: Teams sind berechenbar. Erfolgreiche Kommunikation durch Kenntnis der Beziehungsmuster. Gabler Verlag. Wiesbaden, 2011

Gembrys, S.; Hermmann, J.: Qualitätsmanagement. Haufe Verlag. Planegg, 2008.

Gerstbach, I.: 6 Rollen in Gruppen, die Sie unbedingt kennen müssen. Weidling, 2015. In: https://gerstbach-designthinking.com/blog/2015/12/6-rollen-in-gruppen-die-sie-unbedingt-kennen-muessen [22.11.2017]

Hermann, D.; Hüneke, K.; Rohrberg, A.: Führung auf Distanz. Mit virtuellen Teams zum Erfolg. Gabler Verlag. Wiesbaden, 2006.

Hillebrecht, S.: Gruppenarbeit vorbereiten und moderieren. Eine kleine Trickkiste für die erfolgreiche Leitung von Teams und Projekten. Springer Gabler. Wiesbaden, 2016.

Kauffeld, S.; Meinecke, A.: Gruppendynamik. Haufe Verlag. Freiburg, 2015. In: https://www.haufe.de/personal/hr-management/gruppendynamische-effekte/der-koehler-effekt_80_164674.html [28.11.2017]

Kühne, A.: Interkulturelle Teams. Neue Strategien der globalen Zusammenarbeit. Gabler Verlag. Wiesbade,n 2011.

Köppel, P.: Konflikte und Synergien in multikulturellen Teams. Virtuelle face-to-face-Kooperation. Deutscher Universitäts-Verlag. Wiesbaden, 2007.

Kraus, G.: Social Loafing. Sich ausruhen im Team. Karlsruhe, 2009, In: https://www.business-wissen.de/artikel/social-loafing-sich-ausruhen-im-team/ [27.11.2017]

Krüger, W.: Teams führen. Haufe Verlag. Freiburg, 2013.

Letter, K.: 30 Minuten. Qualitätsmanagement. GABAL Verlag. Offenbach, 2012.

Lorenz, S.: Erfolgreiche Teamarbeit: Kenntnisse über Teamrollen. Berlin, 2017. In: https://wirksam-kommunizieren.de/erfolgreiche-teamarbeit-kenntnisse-ueber-teamrollen/ [23.11.2017]

Mai, J.: Ringelmann-Effekt_ Teams fördern Drückeberger. Kerpen, 2017. In: https://karrierebibel.de/ringelmann-effekt/ [27.11.2017]

Müller, E.: So gelingt die Führung virtueller Teams. B-wise GmbH. Karlsruhe, 2017. In: business-wissen.de. Online unter: https://www.business-wissen.de/artikel/mitarbeiterfuehrung-so-gelingt-die-fuehrung-virtueller-teams/ [06.11.2017]

Niermeyer, R.: Teams führen. Haufe Verlag. Freiburg, 2016.

Peschges, K.-J.: Im Team entwickeln und konstruieren. Der sichere Weg zum Erfolg. Springer Vieweg. Wiesbaden, 2015.

Rößler, A.: Rollen der Teammitglieder für die Teamentwicklung erkennen. Karlsruhe, 2015. In: https://www.business-wissen.de/hb/rollen-der-teammitglieder-fuer-die-teamentwicklung-erkennen/ [23.11.2017]

Seifert, J.: Moderation & Kommunikation. GABAL Verlag, Offenbach, 1999.

Stangl, W.: Lernen in Gruppen. Linz, 2017a. In: http://www.stangl-taller.at/ARBEITSBLAETTER/LERNEN/Gruppenlernen.shtml [28.11.2017]

Stangl, W.: Lernen in Gruppen. Linz, 2017b. In: http://arbeitsblaetter.stangl-taller.at/KOMMUNIKATION/moderation.shtml [06.12.2017]

Tscheuschner, M.; Wagner, H.: 30 Minuten. TMS – Team Management System. Gabal Verlah. Offenbach, 2012.

TÜV Süd: Qualitätsmanagement. Die ISO 9001. München, 2017. In: https://www.tuev-sued.de/management-systeme/iso-9001 [06.12.2017]

Wolf, A.; Jackson, U.; Gengelazky, F.: Die Effekte der Gruppenpolarisation und ihre Bedeutung für die Live-Kommunikation. Erschienen in: Zanger, C.: Events und Sport. Springer Verlag. Wiesbaden, 2013.

Wiedemann, M.: Gruppendynamik. Das Lernen in Gruppen folgt eigenen Regeln. Bonn, 2017. In: https://wb-web.de/wissen/interaktion/gruppendynamik.html [28.11.2017]

Anhang

Anhang 1

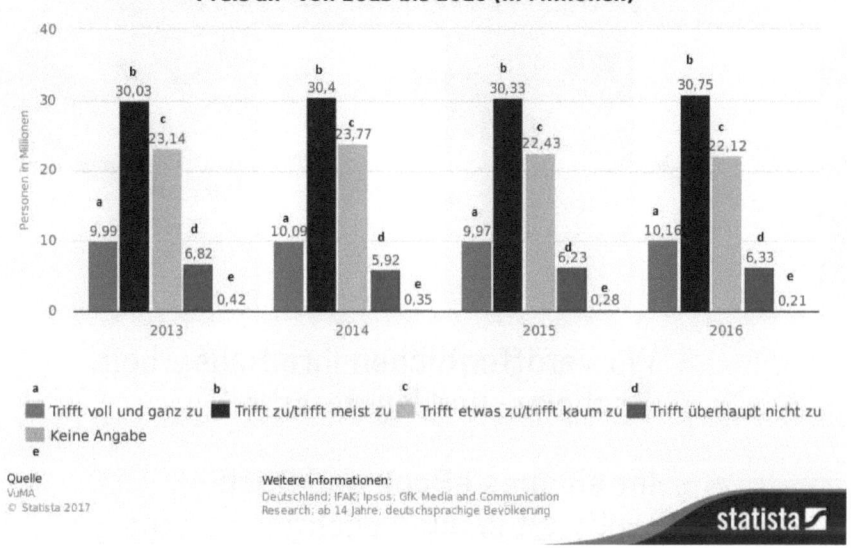

Bevölkerung in Deutschland nach Einstellung zur Aussage "Bei den meisten Produkten kommt es mir eher auf die Qualität als auf den Preis an" von 2013 bis 2016 (in Millionen)

VuMA (Arbeitsgemeinschaft Verbrauchs- und Medienanalyse). Bevölkerung in Deutschland nach Einstellung zur Aussage "Bei den meisten Produkten kommt es mir eher auf die Qualität als auf den Preis an" von 2013 bis 2016 (in Millionen).
https://de.statista.com/statistik/daten/studie/172177/umfrage/einstellung-qualitaet-wichtiger-als-preis/ [29.11.2017]

BEI GRIN MACHT SICH IHR
WISSEN BEZAHLT

- Wir veröffentlichen Ihre Hausarbeit,
  Bachelor- und Masterarbeit

- Ihr eigenes eBook und Buch -
  weltweit in allen wichtigen Shops

- Verdienen Sie an jedem Verkauf

Jetzt bei www.GRIN.com hochladen
und kostenlos publizieren